재치 지혜 교훈 100%
어휘력 속담왕

HR기획 글 / 박정제 그림

사람은 죽으면 이름을 남기고 범은 죽으면 가죽을 남긴다!

2021년 6월 25일 1판 4쇄 **펴냄**
2020년 2월 20일 1판 1쇄 **펴냄**

펴낸곳 (주)효리원
펴낸이 윤종근
엮은이 HR기획 · **그린이** 박정제
등록 1990년 12월 20일 · **번호** 2-1108
우편 번호 03147
주소 서울시 종로구 삼일대로 457, 1206호
대표 전화 02)3675-5222 · **편집부** 02)3675-5225
팩시밀리 02)765-5222

ⓒ 2011 · 2020. (주)효리원

잘못 만들어진 책은 구입하신 서점에서 바꾸어 드립니다.
ISBN 978-89-281-0661-5 74810
홈페이지 www.hyoreewon.com

머리말

　속담은 옛날부터 전해 내려오는 짧은 글이에요. 하지만 놀랍게도 짧은 글 속에 긴 이야기가 담겨 있답니다. 길게 설명해야 할 말도 속담 한 마디면 충분히 생각을 전달할 수 있기 때문이지요. 그만큼 속담은 풍부한 내용을 담고 있답니다.

　우리는 속담을 통해 조상들이 무슨 생각을 했고, 어떻게 살았는지 알 수 있어요. 그래서 속담을 보면 그 나라 사람들의 성격과 생각을 알 수 있답니다.

　오늘날에도 여전히 속담을 쓰는 이유는 뭘까요?

　속담에는 세월이 지나도 변하지 않는 생활의 지혜가 담겨 있기 때문이랍니다. 속담을 듣다 보면 "그래, 맞는 말이야!" 하고 절로 무릎을 칠 때가 있어요. 그것은 짧은 말 속에 우리의 속마음을 쏙쏙 짚어 내는 재치와 교훈이 담겨 있기 때문에 그렇답니다.

　어린이 여러분도 속담을 많이 듣고 써 보세요. 생각이 깊고 풍부해질 거예요.

　자, 그럼 준비 되었나요? 재치와 교훈이 살아 숨쉬는 속담 속으로 우리 모두 출발~!

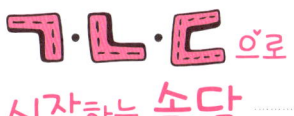
시작하는 **속담** 9

시작하는 **속담** 75

시작하는 **속담** 127

가까운 남이
먼 일가보다 낫다

가까이 사는 이웃이 멀리 떨어져 사는 친척보다 좋다는 뜻. 이웃끼리 서로 친하게 지내면 먼 곳에 있는 일가보다 더 친하게 되어 서로 도우며 살게 된다는 말이에요.

가는 날이 장날

일을 보러 가니 공교롭게 장이 서는 날이라는 뜻.
어떤 일을 하려고 하는데 공교롭게 뜻하지 않은 일을 당함을 빗댄 말이에요.

가는 말이 고와야 오는 말이 곱다

누군가에게 상냥하게 말을 하면 상대방도 나에게 상냥하게 말을 한다는 뜻. **내가 먼저 남에게 말이나 행동을 좋게 해야 남도 나를 좋게 대한다는 말**이에요.

가는 토끼 잡으려다 잡은 토끼 놓친다

잡아 놓은 토끼가 있는데, 욕심을 부려 지나가는 토끼를 또 잡으려다 잡아 놓은 토끼마저 놓쳐 버린다는 뜻. **욕심을 부려 한꺼번에 여러 가지 일을 하려다 이미 이루어 놓은 일까지 망친다는 말**이에요.

가랑비에 옷 젖는 줄 모른다

가늘게 내리는 비에 조금씩 젖다 보니 옷이 젖는 것을 깨닫지 못한다는 뜻. **사소한 것이라도 반복되면 무시할 수 없는 일이 되니 조심하라는 말**이에요.

가물*에 콩 나듯

비가 내리지 않아 가물면, 콩이 제대로 싹트지 않고 드문드문 나요. 이처럼 **어떤 일이나 물건의 수, 양이 무척 적을 때 쓰는 말**이에요.

*가물 : 오랫동안 비가 오지 않아 메마른 날씨. 가뭄.

가재는 게 편이라

가재는 자신과 비슷하게 생긴 게의 편을 든다는 말로, 사정이나 형편이 비슷한 사람끼리는 서로 같은 편이 되기 쉽다는 말이에요.

가지 많은 나무에 바람 잘 날 없다

가지가 많으면 바람에 흔들려 잠시도 가만히 있을 수 없다는 뜻. **자식을 많이 둔 부모에게는 근심 걱정이 그칠 날이 없다는 말**이에요.

간에 붙었다 쓸개에 붙었다 한다

자신에게 이익이 되면 이편에 붙었다 저편에 붙었다 한다는 뜻. **자기 필요에 따라 아무에게나 아부한다는 말**이에요.

갈수록 태산이다

갈수록 높고 큰 산이 나타난다는 뜻. 어려운 일을 당했는데 일이 풀리기는커녕 점점 더 힘들고 견디기 어려운 일이 생긴다는 말이에요.

같은 값이면 다홍치마

값이 같다면 예쁜 치마가 더 좋다는 뜻. **값이 같거나 같은 노력을 한다면 품질이 좋은 것을 선택한다는 말**이에요.

개구리 올챙이 적 생각 못 한다

개구리가 되자 자신에게 올챙이 시절이 있었음을 생각하지 못한다는 뜻. **형편이나 사정이 전에 비하여 나아진 사람이 지난날의 미천하거나 어렵던 때의 일을 생각지 아니하고 처음부터 잘난 듯이 뽐낸다는 말**이에요.

개똥도 약에 쓰려면 없다

길가에 흔하던 개똥도 필요해서 찾으면 없다는 뜻.
평소에는 흔해서 쓸모없게 여기던 것도 막상 필요해서 찾으면 구하기 어렵다는 말이에요.

개팔자가 상팔자

놀고 있는 개가 부럽다는 뜻으로, 일이 분주하거나 고생스러울 때 넋두리로 하는 말이에요.

개천에서 용 난다

더러운 물이 흐르는 개천에서, 깊은 호수나 바다에서 사는 용이 나왔다는 뜻. **변변치 못한 집안에서 훌륭한 인물이 났을 때 하는 말**이에요.

검은 머리 파뿌리 되도록

검은 머리가 늙어 파뿌리처럼 하얗게 될 때까지라는 뜻. 오래 살아 아주 늙을 때까지를 가리키는 말이에요.

겉 다르고 속 다르다

겉과 속이 서로 같지 않다는 뜻. 마음속으로는 좋지 않게 생각하면서 겉으로는 좋은 듯 행동한다는 말이에요. 또는 말과 행동이 서로 달라 올바르지 못한 사람이라는 말로도 쓰여요.

고래 싸움에 새우 등 터진다

덩치 큰 고래들의 싸움 때문에 그 사이에 낀 작은 새우 등이 터진다는 뜻. 강한 자들끼리 싸우는 통에 아무 상관 없는 약한 자가 중간에 끼어 피해를 입는다는 말이에요.

고생 끝에 낙이 온다

힘든 일을 겪은 뒤에는 반드시 좋은 일이 생긴다는 뜻. 아무리 어려운 일이 생겨도 참고 견디다 보면 좋은 일이 찾아온다는 말이에요.

고생을 사서 한다

괜한 고생을 한다는 뜻. 잘못 행동한 탓으로 하지 않아도 될 고생을 하게 되었다는 말이에요.

고슴도치도 제 새끼가 제일 곱다고 한다

털이 바늘같이 꼿꼿한 고슴도치도 제 새끼가 제일 예쁘다고 한다는 뜻. **자기 자식의 허물은 모르고 오히려 자랑한다는 말**이에요. 또는 **부모의 눈에는 자기 자식은 무조건 귀엽고 예뻐 보인다는 말**이기도 해요.

고양이 목에 방울 달기

쥐들이 고양이 목에 방울을 달아 그 소리를 듣고 미리 피하자고 의논했지만, 정작 고양이 목에 방울을 달겠다고 나서는 쥐는 없었어요. 따라서 **실행하기 어려운 일을 헛되이 의논한다는 말**이에요.

고양이한테 생선을 맡기다

생선이라면 앞뒤 가리지 않는 고양이에게 생선을 맡긴다는 뜻. **믿을 수 없는 사람에게 귀중한 것을 맡기면 잃어버릴 수 있다는 말**이에요.

공든 탑이 무너지랴

공들여 쌓은 탑은 무너질 리 없다는 뜻. **정성을 다하여 한 일은 반드시 좋은 결과를 거둘 수 있다는 말**이에요.

공자 앞에서 문자 쓴다

뛰어난 학자인 공자 앞에서 많이 아는 척 문자를 쓴다는 뜻. **지식이 부족한 사람이 지식이 뛰어난 사람 앞에서 아는 척한다는 말**이에요.

구슬이 서 말이라도 꿰어야 보배

구슬이 아무리 많아도 꿰어서 목걸이를 만들어야만 귀한 물건이 된다는 뜻. **아무리 좋은 것이라도 다듬고 정리하여 쓸모 있게 만들어 놓아야 가치가 있다는 말**이에요.

굼벵이도 구르는 재주가 있다

굼벵이는 몸이 짧고 뚱뚱해 동작이 무척 느리지만 구르는 재주는 있다는 뜻. 아무리 미련하고 못난 사람이라도 어디에든 쓸모가 있다는 말이에요.

귀에 걸면 귀걸이 코에 걸면 코걸이

한 장신구가 귀에 걸면 귀걸이가 되었다가, 코에 걸면 코걸이가 되었다가 한다는 뜻. **어떤 일을 이렇게도 둘러댔다 저렇게도 둘러댔다 할 때 쓰는 말**이에요.

고무댕감

긁어 부스럼*

그냥 두면 저절로 나을 것을 공연히 긁어서 피부에 부스럼이 생겼다는 뜻. **필요 없는 짓을 해서 스스로 나쁜 일이 생기게 한다는 말**이에요.

*부스럼 : 피부에 생기는 염증을 통틀어 이르는 뜻.

돌 올리지 마.
괜히 긁어 부스럼
될 것 같아.

만지지 마시오

그런가… 하하…

금강산도 식후경

풍경이 멋진 금강산도 밥을 먹은 후 구경해야 좋다는 걸 느낄 수 있다는 뜻. **아무리 재미있는 일이라도 배가 고프면 흥이 나지 않는다는 말**이에요.

길고 짧은 것은 대어 보아야 한다

어떤 것이 길고 어떤 것이 짧은지는 눈짐작으로 헤아리기보다 직접 대어 보아야 정확하게 알 수 있다는 뜻. **크고 작고, 이기고 지고, 잘하고 못하는 것은 실지로 겨루어 보거나 겪어 보아야 알 수 있다는 말**이에요.

그럼 재 볼까!

꼬리가 길면 밟힌다

꼬리가 길수록 누군가에게 밟힐 위험도 크다는 뜻. **나쁜 일을 아무리 남모르게 한다고 해도 오래 두고 여러 번 계속하면 결국에는 들키고 만다는 말**이에요.

꿀 먹은 벙어리

벙어리는 꿀을 먹어도 그 맛에 대해 말할 수 없어요. 이처럼 마음속 생각을 나타내지 못하는 사람을 가리켜 하는 말이에요.

꿈보다 해몽이 좋다

실제로 꾼 꿈은 특별할 것이 없는데, 그 꿈이 대단한 것처럼 풀이한다는 뜻. **실제 일어난 일보다 더 좋게 해석한다는 말**이에요.

꿩 대신 닭

꿩이 필요한데 없으니 닭으로 대신한다는 뜻. 적당한 것이 없어서 그와 비슷한 것으로 대신한다는 말이에요.

전 꿩 요리를 주문했는데요…

꿩 먹고 알 먹는다

꿩 한 마리로 꿩이 낳은 알도 먹고 그 꿩을 잡아 고기도 먹는다는 말로, **한 가지 일로 두 가지 이익을 본다는 말**이에요.

나중에 보자는 사람 무섭지 않다

당장 그 자리에서 화를 내지 못하고 나중에 두고 보자는 사람은 무섭지 않다는 뜻. 나중에 어떻게 하겠다고 말로만 하는 것은 아무 소용 없다는 말이에요.

날 잡아 잡수 한다

잡아먹든지 말든지 마음대로 하라고 상대에게 자기 몸을 내맡긴다는 뜻. 무슨 말인지 못 알아들은 것처럼 딴청을 피우면서 말없이 반항함을 이르는 말이에요.

지금 바쁘니까 좀 있다 얘기 하자구요

남의 눈에 눈물 내면 제 눈에는 피눈물이 난다

남의 눈에 눈물 날 짓을 하면 내 눈에서 피눈물 날 짓을 당하게 된다는 뜻. 남에게 나쁜 짓을 하면 자기는 그보다 더한 벌을 받게 된다는 말이에요.

낫 놓고 기역 자도 모른다

앞에 기역 자 모양으로 생긴 낫이 있는데도 기역 자를 모른다는 뜻. **매우 무식한 사람을 두고 하는 말**이에요.

낮말은 새가 듣고 밤말은 쥐가 듣는다

낮에 하는 말은 낮에 활동하는 새가 듣고, 밤에 하는 말은 밤에 활동하는 쥐가 듣는다는 뜻. **아무도 안 듣는 곳일지라도 말조심을 해야 한다는 말**이에요.

내 코가 석 자

걱정이 너무 커서 기운을 잃고 코가 빠져 있다는 뜻. **내 사정이 급해서 남을 돌볼 여유가 없다는 말**이에요.

냉수 먹고 이 쑤시기

냉수를 마시고 마치 고기를 먹은 것처럼 이를 쑤신다는 뜻. **실속 없이 겉으로만 있는 척하는 사람을 빗대어 하는 말**이에요.

누워서 떡 먹기

가장 편안한 자세로 맛있는 떡을 먹는다는 뜻. **매우 하기 쉬운 일이라는 말**이에요.

누워서 침 뱉기

누워서 침을 뱉으면 그 침이 다시 자기 얼굴로 떨어진다는 뜻. **남을 해치려고 하다가 오히려 자기가 나쁜 일을 당한다는 말**이에요.

눈에 콩깍지가 씌었다

눈에 콩 껍질이 씌어 있어 사물이 제대로 보이지 않는다는 뜻. **앞이 가리어 사물을 정확하게 보지 못한다는 말**이에요.

다 된 죽에 코 빠졌다

죽을 다 만들어 놓았는데 코가 빠져 못 먹게 되었다는 뜻. **다 된 일을 마지막에 가서 우연한 잘못으로 망친다는 말**이에요.

다람쥐 쳇바퀴 돌 듯

다람쥐가 아무리 열심히 쳇바퀴를 돌아도 앞으로 나아가지 못하고 항상 그 자리에 있는 것을 말해요. **날마다 똑같은 일만 되풀이하여 발전이 없다는 말**이에요.

달걀로 바위 치기

약한 껍질로 이루어진 달걀로 단단한 바위를 쳐 봤자 달걀만 깨질 뿐 바위는 아무 영향도 받지 않는다는 뜻. **보잘것없는 힘으로 대항해 봤자 도저히 이길 수 없다는 말**이에요.

달면 삼키고 쓰면 뱉는다

몸에 좋고 나쁨에 상관없이 맛있으면 삼키고 맛없으면 뱉는다는 뜻. **자신에게 이로우면 가깝게 지내고, 필요 없어지면 버린다는 말**이에요.

닭 잡아먹고 오리발 내놓기

닭을 잡아먹고는 오리발을 내밀며 자신이 먹은 건 닭이 아니라 오리라고 둘러댄다는 뜻. **옳지 못한 일을 하고는 잘못이 탄로날까 봐 엉뚱한 속임수로 감추려고 할 때 쓰는 말**이에요.

안 먹는다, 안 먹어…

닭 쫓던 개 지붕 쳐다보듯

개에게 쫓기던 닭이 지붕으로 올라가 버리자 개는 따라 올라갈 수 없어 지붕만 쳐다본다는 뜻. **애쓰던 일이 실패로 돌아갔을 때나, 경쟁하던 상대보다 뒤떨어졌을 때 쓰는 말**이에요.

도둑이 제 발 저리다

도둑이 불안한 마음 때문에 발이 저린 것처럼 느낀다는 뜻. 죄를 지은 사람은 죄가 들통날까 봐 늘 조마조마하다가 결국은 자기도 모르는 사이에 죄를 드러내게 된다는 말이에요.

도토리 키재기

크기가 비슷비슷한 도토리들끼리 키 재기를 해 봤자 별 차이가 없다는 뜻. 정도가 비슷비슷한 사람끼리는 비교할 만한 상대가 못 되므로 서로 경쟁하거나 차이를 재어 볼 필요가 없다는 말이에요.

돌다리도 두들겨 보고 건너라

비록 튼튼한 돌다리라 해도 안전한지 두들겨 보고 건너는 것이 좋다는 뜻. **틀림없는 일이라 해도 잘못되지 않도록 조심하라는 말**이에요.

돼지에 진주 목걸이

더러운 돼지에게는 비싼 진주 목걸이를 걸어 주어도 어울리지 않는다는 뜻. **아무리 좋은 것이라도 그 가치를 모르는 사람에겐 아무 소용이 없다는 말**이에요.

될성부른* 나무는 떡잎부터 알아본다

잘 자랄 나무는 떡잎일 때부터 알아볼 수 있다는 뜻. 자라서 크게 될 사람은 어릴 때부터 남다른 데가 있다는 말이에요.

*될성부르다 : 잘될 가능성이 있어 보이다.

둘이 먹다 하나 죽어도 모르겠다

둘이 먹다가 한 사람이 죽어도 나머지 한 사람은 알아차리지 못하고 맛있게 음식만 먹을 것 같다는 뜻. 그 정도로 음식이 무척 맛있다는 말이에요.

등잔 밑이 어둡다

등잔 받침으로 가려져 있는 등잔 아래쪽은 등잔불을 켜도 어두워요. **먼 곳에서 생긴 일보다 가까운 곳에서 생긴 일을 더 모를 때 쓰는 말**이에요.

땅 짚고 헤엄치기

손으로 바닥을 짚고 헤엄친다는 뜻. **너무 쉬워서 아주 잘할 수 있다는 말**이에요.

떡 줄 사람은 꿈도 안 꾸는데 김칫국부터 마신다

떡을 가진 사람은 줄 마음이 전혀 없는데, 떡을 먹은 다음 마시는 김칫국부터 먼저 먹는다는 뜻. **상대편은 줄 생각을 하지 않는데, 받을 준비부터 한다는 말**이에요.

이 떡은 제사에 쓸 떡이라 아직 못 먹는데…

똥 묻은 개가
겨* 묻은 개 나무란다

구린내 나는 똥이 묻어 있는 개가, 고작 곡식의 껍질이 붙어 있는 개를 지저분하다고 나무란다는 뜻. **큰 결점을 가지고 있는 사람이 남의 작은 결점을 흉본다는 말**이에요.

*겨 : 곡식을 찧어서 벗겨 낸 껍질.

뛰는 놈 위에 나는 놈 있다

'뛰는 놈'이 제일 잘난 것 같지만 그보다 더 잘난 '나는 놈'도 있다는 뜻. **아무리 잘난 사람이라도 그보다 더 나은 사람이 있으니 잘난 체 하지 말라는 말**이에요.

뛰어야 벼룩

벼룩은 아주 작기 때문에 뛰어 보았자 거의 그 자리라는 뜻. **도망쳐 보아야 크게 벗어날 수 없다는 말**이에요.

마른하늘에 날벼락

맑게 갠 하늘에 느닷없이 벼락이 친다는 뜻. 뜻하지 아니한 상황에서 불행한 일을 당했을 때 하는 말이에요.

말 한마디에 천 냥 빚도 갚는다

말을 잘하면 천 냥이나 되는 큰 돈도 말만으로 갚을 수 있다는 뜻. **말을 조리 있게 잘하면 어려운 일, 불가능한 일도 해결할 수 있다는 말**이에요.

목마른 놈이 우물 판다

목이 말라 물이 필요한 사람이 나서서 우물을 판다는 뜻. **어떤 일이든 급하고 필요한 사람이 서둘러 행동하기 마련이라는 말**이에요.

못된 송아지 엉덩이에 뿔난다

착한 송아지는 정상적으로 머리에 뿔이 나고 못된 송아지는 반대로 엉덩이에 뿔이 난다는 뜻. **못된 사람이 비뚤어진 행동만 한다는 말**이에요.

못 먹는 감 찔러나 본다

자기가 먹지 못할 감은 심술을 부려서 남도 먹지 못하도록 찔러 버린다는 말로, **자기가 갖지 못할 것은 남도 갖지 못하도록 못 쓰게 만들어 버린다는 말**이에요.

무소식이 희소식

아무 소식이 없는 것이 잘 지내고 있다는 소식과 같다는 뜻. **소식이 없는 것이 곧 기쁜 소식이나 다름없다는 말**이에요.

물에 빠지면 지푸라기라도 움켜쥔다

물에 빠진 사람은 빠져나오려고 발버둥치다가 도움이 되지 않을 게 뻔한 지푸라기라도 잡는다는 뜻. **위급한 상황에서는 무엇이나 닥치는 대로 잡고 늘어지게 된다는 말**이에요.

미꾸라지 한 마리가 온 웅덩이를 흐려 놓는다

미꾸라지 한 마리가 흙탕물을 일으켜서 웅덩이의 물을 다 흐리게 만든다는 뜻. **한 사람의 좋지 않은 행동이 온 집안, 온 사회에 나쁜 영향을 미친다는 말**이에요.

미운 아이 떡 하나 더 준다

미운 아이지만 매 대신 떡을 준다는 뜻. 미운 사람일수록 대접을 잘 해 감정을 쌓지 말아야 한다는 말이에요.

믿는 도끼에 발등 찍힌다

믿었던 도끼에 발등을 다친다는 뜻. 잘될 것으로 믿었던 일이나 사람에게 배신을 당해 오히려 해를 입는다는 말이에요.

밑 빠진 독에 물 붓기

밑에 구멍이 있는 항아리는 아무리 물을 많이 부어도 다 새어 나가 채워지지 않는다는 뜻. **아무리 애써도 보람이 없는 경우나, 아무리 벌어도 쓸 곳이 많아 늘 모자랄 때 쓰는 말**이에요.

밑져야 본전

어떤 일을 하다가 일이 잘못되더라도 거기에 들인 돈이나 물건은 그대로라는 뜻. **일의 결과가 나빠도 이득을 보지 못했을 뿐 본전은 남아 있으니 손해 볼 것은 없다는 말**이에요.

바늘 가는 데 실 간다

바늘이 가는 데에는 항상 실이 뒤따른다는 뜻. 가까운 관계라서 서로 떨어지지 않고 항상 같이 다닌다는 말이에요.

바늘 도둑이 소 도둑 된다

가늘고 작은 바늘을 훔치던 사람이 계속하면 소처럼 큰 것도 훔치게 된다는 뜻. **나쁜 버릇은 아무리 작은 것이라도 일찍 고치지 않으면 나중에 큰 잘못을 저지를 수 있다는 말**이에요.

전 바늘만…

바람 앞의 등불

언제 꺼질지 모르는 바람 앞의 등불이라는 뜻. 생명이나 어떠한 일이 매우 위태로운 처지에 놓여 있다는 말이에요.

발 없는 말이 천 리 간다

사람이 하는 말은 발이 없어도 순식간에 천 리 밖까지 간다는 뜻. **소문은 놀라울 정도로 빨리 퍼지니 늘 말조심을 해야 한다는 말**이에요.

밥 먹을 때는 개도 안 때린다

비록 동물이라도 먹을 때는 때리지 않는다는 뜻.
음식을 먹을 때는 아무리 잘못한 일이 있어도 때리거나 꾸짖지 말라는 말이에요.

배보다 배꼽이 더 크다

배보다 배에 있는 배꼽이 더 크다는 뜻. **커야 할 것은 작고, 작아야 할 것은 더 크다는 말**이에요.

백 번 듣는 것이 한 번 보는 것만 못하다

아무리 반복해서 들어도 한 번 보는 것만 못하다는 뜻. 듣는 것보다 직접 보는 것이 더 확실하다는 말이에요.

백짓장도 맞들면 낫다

가벼운 종이 한 장이라도 양쪽에서 함께 들면 더 가벼워진다는 뜻. **아무리 쉬운 일이라도 서로 힘을 합하면 더 쉽게 할 수 있다는 말**이에요.

뱁새가 황새를 따라가면 다리가 찢어진다

13센티미터밖에 안 되는 뱁새의 다리로 112센티미터나 되는 황새의 큰 걸음을 따라가면 다리가 찢어진다는 뜻. **자신의 처지나 형편은 생각하지 않고 무조건 남을 따라 하면 큰 손해를 보게 된다는 말**이에요.

아~ 다리 찢어지겠네…

번갯불에 콩 볶아 먹겠다

번쩍 하고는 이내 사라져 버리는 번갯불에 콩을 볶아 먹을 정도로 행동이 빠르다는 뜻. **성질이 급하여 무엇이고 당장 처리하려고 한다는 말**이에요.

벙어리 냉가슴 앓듯

벙어리가 답답한 마음을 말로 표현할 수 없어 속만 썩는다는 뜻. 걱정되는 일을 아무에게도 말하지 못하고 혼자서 속을 태울 때 쓰는 말이에요.

벼 이삭은 익을수록 고개를 숙인다

벼의 열매가 처음에는 꼿꼿하게 고개를 들고 있다가 다 익으면 고개를 수그린 모양이 되는 것을 표현한 말. 지식이 뛰어나고 훌륭한 사람일수록 겸손하다는 말이에요.

벼룩도 낯짝이 있다

작은 벼룩도 얼굴이 있는데, 하물며 사람이 체면이 없어서야 되겠느냐는 말이에요.

병 주고 약 준다

병이 나게 하고는 약을 주어 치료해 주는 체한다는 뜻. 방해를 하고 나서 도와주려 한다는 말이에요.

보기 좋은 떡이 먹기도 좋다

맛있게 보이는 떡이 먹어 보면 실제로 맛있다는 뜻. 겉모습을 잘 꾸미는 것도 필요하다는 말이에요.

부뚜막의 소금도 집어 넣어야 짜다

부뚜막에 소금이 있어도 집어서 음식에 넣지 않으면 짠맛이 나지 않는다는 뜻. **아무리 쉬운 일이라도 실행으로 옮기지 않으면 소용없다는 말**이에요.

불난 집에 부채질한다

불난 집에 물을 뿌리지는 않고 더 잘 타라고 부채질을 한다는 뜻. **곤경에 처해 있는 사람을 도와주기는커녕 오히려 더욱 어렵게 만들고, 화난 사람을 더 화나게 만든다는 말**이에요.

빛 좋은 개살구

먹음직스러워 보이는 빛깔을 띤 개살구가 먹어 보면 의외로 맛이 없다는 뜻. **겉보기에는 그럴듯하나 실지의 속알맹이는 형편없다는 말**이에요.

사람은 죽으면 이름을 남기고 범은 죽으면 가죽을 남긴다

호랑이는 죽은 후 가죽을 남기고, 사람은 죽은 후 살아 있는 동안 노력했던 성과로 명예로운 이름을 남기게 된다는 뜻. **살아 있을 때 훌륭한 일을 많이 하라는 말이에요.**

사촌이 땅을 사면 배가 아프다

사촌이 땅을 사면 샘이 나서 속이 편치 않아 배가 아프다는 뜻. **남이 잘되는 것을 질투하고 시기한다는 말**이에요.

산 넘어 산이다

어렵게 산을 넘었더니 또 다른 산이 앞을 가로막고 있다는 뜻. **갈수록 어려움이 점점 더 심해진다는 말**이에요.

산 입에 거미줄 치랴

거미가 사람의 입안에 거미줄을 칠 정도가 되려면 오랫동안 아무것도 먹지 않아야 하는데, 살아 있는 사람의 입에 거미줄 칠 일이야 생기겠느냐는 뜻. **아무리 살림이 어려워 식량이 떨어져도 사람은 그럭저럭 먹고 살아가기 마련이라는 말**이에요.

아, 어지러워…

새 발의 피

새의 작고 가느다란 발에서 나오는 피. 매우 하찮은 일이나 적은 양이라는 말이에요.

한 개도 안 남았어..

서당 개 삼 년에 풍월*을 읊는다

서당에서 삼 년 동안 살면서 매일 글 읽는 소리를 듣다 보니 개조차도 글 읽는 소리를 낸다는 뜻. **무슨 일을 오래 보고 들으면 자연히 그 일을 할 줄 알게 된다는 말**이에요.

*풍월 : 얻어 들은 짧은 지식.

하늘 천... 땅 지... 검을 현

설마가 사람 잡는다

그럴 리 없을 것이라고 마음을 놓거나 행운을 바라다가는 큰코 다친다는 뜻. **예방을 철저히 하지 않으면 믿고 있는 일에 큰 낭패를 볼 수도 있다는 말**이에요.

세 살 적 버릇이 여든까지 간다

세 살 때 몸에 밴 버릇은 여든 살이 되어도 고쳐지지 않는다는 뜻. **어릴 때 생긴 버릇은 나이를 먹어도 고치기 어려우니 어릴 때부터 나쁜 버릇이 들지 않도록 해야 한다는 말**이에요.

소 닭 보듯

닭은 소의 먹이가 아니므로 피할 생각 없이 상대를 보지요. 이처럼 **관심이 없어 무심하게 본다는 말**이에요.

소도 언덕이 있어야 비빈다

언덕이 있어야 소가 가려운 곳을 비빌 수 있다는 뜻. **의지할 사람이 없으면 성공하기 어렵다는 말**이에요.

두리번 … 두리번

소문난 잔치에 먹을 것 없다

떠들썩하게 소문난 잔칫집에 먹을 만한 음식이 없다는 뜻. **소문이 사실과 다르다는 말**이에요.

소 잃고 외양간 고친다

소가 달아난 뒤에야 비로소 외양간의 허물어진 부분을 고친다는 뜻. **평소에 준비를 소홀히 하다가 일이 잘못된 뒤에 대비를 하는 것은 아무 소용이 없다는 말**이에요.

송충이는 솔잎을 먹어야 한다

송충이는 솔잎 외에는 아무리 맛있는 먹이를 주어도 먹지 못한다는 뜻. **자기 형편에 맞게 살아야 한다는 말**이에요.

쇠귀에 경 읽기

소의 귀에 대고 경을 읽어 보았자 한 마디도 알아듣지 못한다는 뜻. 아무리 알려 주어도 알아듣지 못하거나 효과가 없을 때 쓰는 말이에요.

쇠뿔도 단김에 빼라

단단한 소의 뿔을 뽑으려면 불로 달구어 놓은 김에 해치워야 한다는 뜻. **무슨 일이든 하려고 마음 먹었으면 망설이지 말고 곧바로 해야 한다는 말**이에요.

수박 겉 핥기

맛있는 수박을 먹겠다면서 아무 맛도 없는 겉만 핥고 있다는 뜻. **속 내용은 모르고 겉만 건드린다는 말**이에요.

시작이 반이다

어떤 일이든지 일단 시작을 하면 이미 반쯤은 성공한 것과 다름없다는 뜻. **무슨 일이든 시작이 어렵지, 일단 시작하면 일을 끝마치는 건 그리 어렵지 않다는 말**이에요.

십 년 공부 도로아미타불

십 년 동안 열심히 해 온 공부가 한순간에 다시 제자리로 돌아가게 되었다는 뜻. **오랫동안 정성을 들여 한 일이 한순간 물거품이 되어 버렸다는 말**이에요.

십 년이면 강산도 변한다

십 년이 지나면 늘 한결같아 보이는 강과 산도 모습이 변한다는 뜻. **세월이 흐르면 모든 것이 다 변한다는 말**이에요.

싼 것이 비지떡*

두부를 하고 남은 찌꺼기인 비지로 만든 비지떡은 싸지만 맛이 없다는 데서, **값이 싼 물건은 품질도 그만큼 나쁘다는 말**이에요.

*비지떡 : 두부를 만들고 남은 찌꺼기에 쌀가루나 밀가루를 넣어 부친 떡.

아는 것이 병

무엇을 아는 것이 오히려 병이 될 수도 있다는 뜻. 정확하지 않거나 분명하지 않은 지식은 도움이 되기는커녕 오히려 해가 되거나 걱정거리가 될 뿐이라는 말이에요.

아는 길도 물어서 가랬다

아는 길이라도 물어서 다시 한 번 확인하고 가라는 뜻. **아무리 쉬운 일이라도 많이 생각하여 실패가 없도록 해야 한다는 말**이에요.

아니 땐 굴뚝에 연기 날까

불을 땠기 때문에 굴뚝에 연기가 난다는 뜻. 모든 일에는 반드시 이유가 있다는 말이에요.

아이 보는 데서는 찬물도 못 먹는다

아이들은 보는 대로 따라 하므로 아이들 앞에서는 찬물 한 잔도 함부로 마시면 안 된다는 뜻. **남이 하는 말이나 행동을 그대로 따라 하는 사람을 두고 하는 말**이에요.

앓던 이 빠진 것 같다

이가 아파 고생하고 있었는데 드디어 그 이가 빠졌다는 뜻. 걱정거리가 없어져서 후련하다는 말이에요.

엎드려 절 받기

상대편은 절을 할 마음이 없는데 이쪽에서 시켜서 절을 받는다는 뜻. **억지로 요구해서 대접을 받는다는 말**이에요.

엎어지면 코 닿을 데

엎어지면 코가 닿을 정도로 가깝다는 뜻. **무척 가까운 거리라는 말**이에요.

열 길 물속은 알아도 한 길 사람의 속은 모른다

물속은 아무리 깊어도 그 깊이를 재어 알 수 있지만, **사람의 마음은 도무지 알 수 없다는 말**이에요.

열 번 찍어
아니 넘어가는 나무 없다

아무리 뜻이 굳은 사람이라도 여러 번 권하거나 달래면 결국 마음이 바뀐다는 뜻. 꾸준히 노력하면 결국 얻을 수 있다는 말이에요.

열 손가락 깨물어 안 아픈 손가락이 없다

열 손가락을 깨물면 열 손가락 모두 다 아프다는 뜻. **자식이 아무리 많아도 모두 다 귀하고 소중하다는 말**이에요.

오뉴월 감기는 개도 아니 걸린다

더운 여름에는 개조차도 감기에 걸리지 않는다는 뜻. 여름에 감기를 앓는 사람을 변변치 않은 사람이라고 놀리는 말이에요.

오르지 못할 나무는 쳐다보지도 마라

너무 높아 오르지 못할 나무라면 쳐다보면서 욕심내지 말라는 뜻. **자기 능력이나 형편에 맞지 않는 일은 욕심내지 말라는 말**이에요.

옥에 티

나무랄 데 없는 옥에도 작은 흠은 있다는 뜻. 좋은 물건이나 사람에게 있는 사소한 흠을 이르는 말이에요.

우물 안 개구리

우물 안에서 사는 개구리는 우물 안이 세상의 전부인 줄 안다는 뜻. **경험이 적어서 넓은 세상 형편을 모른다는 말**이에요.

우물에 가 숭늉 찾는다

우물에서 물을 길어 밥을 한 후 숭늉을 끓이는 게 순서인데, 우물에서 바로 숭늉을 찾는다는 뜻. **모든 일에는 순서와 차례가 있는데 성급하게 덤빈다는 말**이에요.

우물을 파도 한 우물을 파라

조금 파다가 물이 나오지 않는다고 이곳저곳에 다시 새 우물을 파면 깊이 파지 못해 물을 얻을 수 없다는 뜻. **무슨 일이든 한 가지 일을 끝까지 꾸준히 해야 성공할 수 있다는 말**이에요.

웃는 낯에 침 뱉으랴

웃는 사람에게는 침을 뱉을 수 없다는 뜻. **늘 밝게 웃는 사람에게는 나쁜 말을 할 수 없다는 말**이에요.

원수는 외나무다리에서 만난다

앞으로도, 뒤로도, 옆으로도 피할 수 없는 외나무다리에서 원수를 만나게 되었다는 뜻. **꺼리는 사람을 피할 수 없는 곳에서 공교롭게 만나게 됨을 이르는 말**이에요.

윗물이 맑아야 아랫물이 맑다

물은 위에서 아래로 흐르는 법이니 윗물이 맑으면 자연히 아랫물도 맑다는 뜻. **윗사람의 행동이 바르고 정직해야 아랫사람도 따라서 바르고 정직하다는** 말이에요.

이 없으면 잇몸으로 살지

이가 없으면 잇몸으로 음식물을 씹어서 먹을 수 있듯이, 사람은 없으면 없는 대로 맞추어 살아갈 수 있다는 말이에요.

입은 비뚤어져도 말은 바로 해라

입이 비뚤어졌다고 말까지 비뚤게 해서는 안 된다는 뜻. **어떤 경우에도 말은 바르게 해야 한다는 말**이에요.

입이 열 개라도 할 말이 없다

너무 큰 잘못을 저질러서 입이 열 개라고 해도 변명할 말이 없다는 뜻. **잘못이 분명하게 드러나 변명조차 할 수 없다는 말**이에요.

작은 고추가 더 맵다

작은 고추가 큰 고추보다 더 맵다는 뜻. 몸집이 작은 사람이 큰 사람보다 더 재주가 뛰어나다는 말이에요.

잘되면 제 탓, 못되면 조상 탓

일이 잘되면 자신이 잘했기 때문이라 하고, 잘 안되면 조상이 돌봐 주지 않아서 그렇다고 원망한다는 뜻. **일이 잘못되면 책임을 남에게 돌린다는 말**이에요.

재주는 곰이 넘고 돈은 주인이 받는다

재주넘기를 한 것은 곰인데, 구경꾼들로부터 돈은 주인이 받는다는 뜻. **일한 사람은 따로 있고 그 일에 대한 보상은 다른 사람이 받는다는 말**이에요.

젖 먹은 힘까지 다 낸다

매우 오래되어 남아 있을 것 같지도 않은 젖 먹던 힘까지 짜낼 정도로 모든 힘을 다 모은다는 뜻. **어떤 일이 몹시 힘듦을 말해요.**

제 꾀에 제가 넘어간다

꾀를 부려 남을 속이려다가 도리어 자기가 그 꾀에 속아 넘어간다는 뜻. **약은 꾀를 쓰려 하다가는 오히려 자신이 손해를 본다는 말**이에요.

중이 제 머리 못 깎는다

중이 남의 머리 깎아 주기는 쉬워도 자신의 머리를 스스로 깎는 건 어렵다는 뜻. **자신의 일에 관해서는 남의 손을 빌려야만 쉽게 할 수 있다는 말**이에요.

쥐구멍에도 볕들 날 있다

어두운 쥐구멍에도 햇빛 비치는 날이 온다는 뜻. **지금은 고생하고 있지만, 언젠가는 고생을 면하는 날이 온다는 말**이에요.

지렁이도 밟으면 꿈틀한다

하찮은 지렁이도 밟으면 꿈틀거린다는 뜻. 아무리 약한 사람이라도 지나치게 업신여기면 대항한다는 말이에요.

지성이면 감천

정성이 지극하면 하늘도 감동하여 도와준다는 뜻.
무슨 일이든 정성을 다하면 쉽게 해결하여 좋은 결과를 맺을 수 있다는 말이에요.

짚신도 제 짝이 있다

하찮은 신발인 짚신도 두 짝으로 만들어져 짝이 있다는 뜻. **아무리 보잘것없는 사람일지라도 짝이 있다는 말**이에요.

찬물도 위아래가 있다

찬물 한 잔을 마실 때에도 윗사람이 마신 후에 아랫사람이 마셔야 한다는 뜻. 무슨 일이든 순서가 있으니 그 순서를 지켜야 한다는 말이에요.

천 리 길도 한 걸음부터

머나먼 천 리 길도 한 걸음 떼어 놓는 것에서부터 시작된다는 뜻. **모든 일은 시작이 중요하다는 말**이에요.

첫술에 배 부르랴

처음 떠넣은 한 숟가락의 밥에 배가 부를 리 없다는 뜻. **어떤 일이든지 처음부터 만족할 수는 없다는 말**이에요.

콩 심은 데 콩 나고 팥 심은 데 팥 난다

콩을 심으면 콩이 자라고 팥을 심으면 팥이 자란다는 뜻. 모든 일은 원인에 따라 결과가 나타난다는 말이에요.

콩으로 메주를 쑨다 하여도 곧이듣지 않는다

콩으로 메주를 쑤는 건 당연한 일인데도 믿지 않는다는 뜻. **사실을 말하여도 믿지 않음을 뜻하는 말**이에요.

티끌 모아 태산

아주 작은 티와 먼지도 꾸준히 모으면 높고 큰 산이 된다는 뜻. **아무리 작고 보잘것없는 것이라도 모이면 큰 것이 된다는 말**이에요.

165

핑계 없는 무덤이 없다

수많은 무덤이 있지만 그 무덤들마다 죽은 이유가 각각 다 있다는 뜻. **잘못을 저지른 사람이 핑계를 대며 변명할 때 쓰는 말**이에요.

하늘은 스스로 돕는 자를 돕는다

하늘은 스스로 노력하는 사람을 성공하도록 도와준다는 뜻. **어떤 일을 이루려면 자신의 노력이 가장 중요하다는 말**이에요.

하늘의 별 따기

하늘의 별은 갖고 싶다고 쉽게 딸 수 있는 것이 아니에요. 이처럼 **무엇을 얻거나 이루기가 매우 어려움을 이르는 말**이에요.

하늘이 무너져도 솟아날 구멍이 있다

하늘이 무너져 내려도 빠져나갈 구멍은 있다는 뜻. **아무리 어려운 일을 당해도 해결할 방법이 있다는 말**이에요.

하룻강아지 범 무서운 줄 모른다

태어난 지 하루밖에 안 된 강아지라서 호랑이가 얼마나 무서운지 모른다는 뜻. **철이 없어서 자기보다 훨씬 강한 상대에게 덤빈다는 말**이에요.

한 귀로 듣고 한 귀로 흘린다

한쪽 귀로 듣고 또 다른 쪽 귀로 흘려버린다는 뜻. 남의 말을 귀담아듣지 않아 곧 잊어버린다는 말이에요.

호랑이도 제 말 하면 온다

깊은 산에 있는 호랑이도 자기 이야기를 하면 찾아온다는 뜻. 누군가에 대해 말하고 있을 때 그 사람이 불쑥 나타날 수도 있으니 **남을 흉보면 안 된다는 말**이에요.

호랑이에게 물려 가도 정신만 차리면 산다

호랑이에게 물려 가 목숨이 위험한 상황이라도 정신만 똑바로 차리면 살 수 있다는 뜻. 아무리 위급한 일을 당하더라도 정신만 차리면 빠져나갈 방법이 있다는 말이에요.

호박이 넝쿨째 굴러떨어졌다

호박이 여러 개 달린 넝쿨이 통째로 굴러떨어져 내 손안에 들어왔다는 뜻. **뜻밖에 좋은 물건을 얻거나 행운을 만났다는 말**이에요.